소중한

.... 님에게

이 책을 드립니다.

금강경 선물

초판 1쇄 발행일	2018년 2월 14일
초판 7쇄 발행일	2024년 1월 22일
그림	박혜상
발행인	삼조스님
편집인	박기련
발행처	불교신문사
책임편집	하정은
편집제작	선연
출판등록	2007년 9월 7일(등록 제300-207-133호)
주소	서울시 종로구 우정국로 67 전법회관 5층
전화	02)730-4488
팩스	02)3210-0179
e-mail	ibulgyo@ibulgyo.com

ⓒ 2018, 박혜상
ISBN 978-89-960136-9-3 03220

값 13,500원

※이 책에 실린 내용은 무단으로 복제하거나 전재할 수 없습니다.
※잘못된 책은 교환해 드립니다.

| 금강경 컬러링 50 |

금강경 선물

박혜상 — 그림

불교신문사

차 례

006 — 금강경을 그려보았습니다

008 — 여시아문(如是我聞)
010 — 고타마 시타르타
012 — 명상
014 — 마하반야바라밀(摩訶般若波羅蜜)
016 — 자리
018 — 법회인유분(法會因由分)
020 — 급고독원(祇樹給孤獨園)
022 — 소심경
024 — 선현기청분(善現起請分)
026 — 대승정종분(大乘正宗分)
028 — 묘행무주분(妙行無住分)

030 — 여리실견분(如理實見分)
032 — 정신희유분(正信希有分)
034 — 무득무설분(無得無說分)
036 — 의법출생분(依法出生分)
038 — 일상무상분(一相無相分)
040 — 장엄정토분(莊嚴淨土分)
042 — 무위복승분(無爲福勝分)
044 — 존중정교분(尊重正敎分)
046 — 여법수지분(如法受持分)
048 — 이상적멸분(離相寂滅分)
050 — 이상적멸분(離相寂滅分)
052 — 이상적멸분(離相寂滅分)
054 — 지경공덕분(持經功德分)
056 — 능정업장분(能淨業障分)

058 — 구경무아분(究竟無我分)

060 — 구경무아분(究竟無我分)

062 — 일체동관분(一體同觀分)

064 — 법계통화분(法界通化分)

066 — 이색이상분(離色離相分)

068 — 비설소설분(非說所說分)

070 — 비설소설분(非說所說分)

072 — 무법가득분(無法可得分)

074 — 정심행선분(淨心行善分)

076 — 복지무비분(福智無比分)

078 — 복지무비분(福智無比分)

080 — 화무소화분(化無所化分)

082 — 화무소화분(化無所化分)

084 — 법신비상분(法身非相分)

086 — 법신비상분(法身非相分)

088 — 무단무설분(無斷無說分)

090 — 무단무멸분(無斷無滅分)

092 — 불수불탐분(不受不貪分)

094 — 불수불탐분(不受不貪分)

096 — 위의적정분(威儀寂靜分)

098 — 일합이상분(一合理相分)

100 — 일합이상분(一合理相分)

102 — 지견불생분(知見不生分)

104 — 응화비진분(應化非眞分)

106 — 원생수

108 — 부록 : 그림 모음 50컷

금강경을 그려보았습니다

"불교신문에 금강경을 강설하는 연재물이 시작되는데, 그 속에 들어가는 그림 하나 그려보실래요?" 1년 전 어느날, 불교신문으로부터 전화를 받고서 너무나 용감하게 "Yes!"란 대답을 하고 10분도 지나지 않아서 머릿속이 하얘진 날이 있었다. 감히 내가 금강경을…. 예전에 처음 금강경을 만났을 때 부처님 탁발 장면이 너무나 아름다워서 심장이 두근거렸던 기억이 있다. 하지만 몇 페이지 못 넘기고 숨이 찼고, 경전을 그대로 읽고 담아내기엔 나 스스로 부족함이 많은 걸 알았다. 내가? 이걸? 대답한 거야? 아이고 어쩔라구? 반문하기를 수십 번. 마음을 가다듬고 다시 금강경을 꺼내 보았다. 역시나 너무나 그림같은 첫 장면을 빼고는 한 장면도 그림으로 재현할 만한 '연결고리'를 찾지 못했다.

하지만 불교신문의 연재물은 그냥 금강경이 아니라, 송강스님의 강설이 친절하게 들어있는 금강경 이야기였다. 매주 한 편 신문사를 통해 글이 오고 그림이 갔다. 어떤 날은 머리 아프도록 고민을 해도 답이 안나왔고, 어떤 날은 설거지를 하다가 무심코 그림감이 떠오르기도 했다. 언제부터인가 금강경이 일상이 됐고 그림을 그리면서 예상못한 수행을 하는 셈이 되었다.

이 책은 1년간 내가 읽고 보고 느꼈던 마음을 조금이라도 더 나누고 싶어서 그 시간을 모은 책이다. 2017년 한 해 동안 불교신문에 실린 〈송강스님의 다시 보는 금강경〉 코너에 실린 삽화가 커지고 더해져서 누구나 색을 채우며 볼 수 있는 컬러링북으로 세상에 나왔다.

나의 첫 번째 책이었던 컬리링북 『오직 즐거움 뿐』 이후 3년여 만에 나왔으니 그동안 조금은 더 나아졌길 바래본다. 책을 만들려고 무작정 그림을 그렸던 그때와는 달리 1년 365일 금강경을 화두삼아 한 달에 네 번씩 그린 순서대로 그림이 실렸다. 처음 안개처럼 뿌옇고 하얬던 나의 불안했던 마음이 점점 편안하게 밝아지고 있음을 누군가는 알아주기를 기대해 본다.

어렵기만 했던 금강경을 그림으로 그릴 수 있도록 좋은 글을 주신 개화사 주지 송강스님과 나의 용감한 대답에 함께 해준 불교신문사의 하정은 부장님께 감사인사를 드린다. 이 책에 실린 금강경 글귀는 오롯이 송강스님이 번역하고 강설하신 일부임을 밝혀둔다.

언제나 든든하게 나를 지켜주시고 부처님을 알게 해주신 부모님, 항상 같은 길을 가며 손잡아주는 나의 평생 도반인 남편 서칠교 씨와 엄마 그림이라고 항상 엄지 척 해주는 우리 보우, 보연이에게도 사랑을 보낸다

2018년 새해

많은 이들과 금강경 말씀을 나누고픈 **박혜상** 합장

여시아문(如是我聞)

이와 같이 나는 들었다

고타마 시타르타

깊은 숲 나무 아래서 진리에 대한 깊은 사유를 하신 고타마 시타르타

명상

부처님의 말씀 안에서 고요히 앉아 정신을 모으고 명상에 들어보는 시간

마하반야바라밀(摩訶般若波羅蜜)

마하반야바라밀 마하반야바라밀 마하반야바라밀

자리

세상 무엇보다 아름다운 부처님 앉아계신 자리

법회인유분(法會因由分)

세존께서는 공양 때가 되어 가사를 입으시고 발우를 드시어
사위대성에 들어가셔서 차례로 밥을 얻으신 후
본래 계시던 곳에 돌아오시어 공양을 드신 후 가사와 발우를 거두시고,
발을 씻으신 후 결가부좌하시고 정념의 경지에 드셨다.

급고독원(祇樹給孤獨園)

사위성 밖 제따동산 급고독원(祇樹給孤獨園)에 모두 모여 부처님 말씀을 직접 들어봅니다.

소심경

이 음식이 어디에서 왔는가.
내 덕행으로 받기가 부끄럽네.
마음의 온갖 욕심 버리고
육신을 지탱하는 약으로 알아
도업을 이루고자 공양을 받습니다.

선현기청분(善現起請分)

장로 수보리가 대중 가운데 있다가 곧 자리에서 일어나
오른쪽 어깨를 드러내고 오른쪽 무릎을 땅에 꿇고,
합장하여 공경하는 자세로 부처님께 사뢰어 말씀드렸다.

"바라옵건대 기꺼이 듣고자 하나이다."

대승정종분(大乘正宗分)

"모든 보살 마하살은 '모든 중생의 무리인 알로 생긴 것, 태로 생긴 것,
습기로 생긴 것, 변화하여 생긴 것, 모양이 있는 것, 생각이 없는 것,
생각이 있는 것도 아니고 없는 것도 아닌 것들을
내가 모두 완벽한 열반에 들게 하여 제도하겠노라'고 발원해야 하느니라."

묘행무주분(妙行無住分)

보살은 대상에 집착함이 없이 베풀어야 하는 것이니라.

여리실견분(如理實見分)

"무릇 훌륭하고 뛰어난 모습이란 그 모두가 허망한 것일 뿐이니,
모양과 모양 아님을 함께 본다면 곧 여래를 볼 수 있을 것이니라."

정신희유분(正信希有分)

"'그대들 비구는 나의 설법도 뗏목의 비유와 같은 것임을 알아야 한다'고 말한 것이니, 진리라는 생각도 오히려 버려야 하거늘 하물며 진리가 아니라는 생각이야 말해 무엇하겠느냐."

무득무설분(無得無說分)

가장 높고 바르며 원만한 깨달음

의법출생분(依法出生分)

모든 부처님과 부처님의 가장 높고 바르며 원만한 깨달음의 진리가 모두 이 경으로부터 나온 것이기 때문이니라.

일상무상분(一相無相分)

수다원 : 성자의 경지에 들어간 사람

사다함 : 인간세계에 한 번만 돌아올 사람

아나함 : 인간세계에 다시는 오지 않을 사람

아라한 : 진실로 존재에 대한 걸림이 남아 있지 않음을 아는 사람

장엄정토분(莊嚴淨土分)

모든 위대한 보살들은 이와 같이 청정한 마음을 일으켜야 하느니라.
마땅히 모양에 집착하지 않는 마음을 일으켜야 하며,
마땅히 소리·향기·맛·감촉·이치에 집착하지 않는 마음을 일으켜야 하느니라.

무위복승분(無爲福勝分)

만약 훌륭한 자질의 남자나 여인이 이 경 가운데에서 사구게송 등을
받아 지니고 다른 사람에게 설명해 준다면,
이 복덕은 칠보로 베푼 앞의 복덕보다 훨씬 뛰어난 것이니라.

존중정교분(尊重正敎分)

만약 이 경전에 있는 곳이라면 곧 부처님이 계신 것과 같으며
또 부처님의 존중 받는 제자가 있는 것과 같으니라.

여법수지분(如法受持分)

이 경의 이름은 '지혜의 완성'이 되나니,
이 이름으로써 그대들은 받들어 지녀야 하느니라.

이상적멸분(離相寂滅分)

만약 다시 어떤 사람이 이 법문을 듣고 믿는 마음이
깨끗하여 곧 진실한 지견을 내면,
이 사람은 가장 뛰어나고 놀라운 공덕을 성취할 것이옵니다.

이상적멸분(離相寂滅分)

보살은 마땅히 모든 관념에 얽매이지 말고 가장 높고 바르며
원만한 깨달음의 마음을 내어야 하나니…
보살은 모양에 집착하지 않는 마음으로 베풀어야 한다.

이상적멸분(離相寂滅分)

보살은 모든 중생을 이익 되게 하기 위해 마땅히 이렇게 베풀어야 한다.

지경공덕분(持經功德分)

어떤 곳이라도 이 경이 있다면,
모든 세상의 천신·사람·아수라가 당연히 공양할 것이니라.
마땅히 알아야 한다.
이 경이 있는 곳은 곧 부처님의 사리탑과 같아서,
모두가 당연히 공경하여 예배하고 주위를 돌며
온갖 꽃과 향을 그곳에 뿌릴 것이니라.

능정업장분(能淨業障分)

만약 어떤 사람이 오는 말법 세상에 이 경을 받아 지니고 읽고 외우면,
그 얻은 공덕은 내가 모든 부처님께 공양한 공덕으로 백분의 일에도 미치지 못하며,
천만억분의 일이나 나아가 숫자로 헤아리는 비유로도 능히 미치지 못하느니라.

구경무아분(究竟無我分)

만약 훌륭한 자질의 남자나 여인으로서 보살의 삶을 살려는 마음을 낸 사람이라면 당연히 '나는 마땅히 모든 중생을 열반에 들게 할 것이다' 하는 이러한 마음을 가져야 하느니라.

구경무아분(究竟無我分)

만약 보살로서 모든 법에 실체가 없음을 확실히 깨달은 사람이라면,
여래가 '참으로 이 사람은 보살이다'라고 표현해 말할 것이니라.

일체동관분(一體同觀分)

그렇게 많은 나라에 있는 중생의 갖가지 마음을 여래가 다 아느니라.
왜냐하면 여래가 말한 모든 마음이란 모두가 마음 아닌 것을 말함이며,
그 표현을 마음이라고 하기 때문이다.

법계통화분(法界通化分)

만약 복덕이 참으로 있다면 여래가 얻는 복덕이 많다고 말하지 않겠지만,
복덕이 없는 까닭에 여래가 얻는 복덕이 많다고 하는 것이니라.

이색이상분(離色離相分)

모든 상호를 갖추었다고 여래라고 볼 수는 없습니다.
왜냐하면 여래께서 '모든 상호를 갖추었다'고
말씀하신 것은 곧 갖춤 아닌 것을 말씀하심이며,
그 표현이 모든 상호를 갖추었다는 것이기 때문입니다.

비설소설분(非說所說分)

진리를 설명한다지만 설명할 수 있는 진리가 없으며,
그 표현이 진리를 설명한다는 것이니라.

비설소설분(非說所說分)

세존이시여!
먼 훗날에 이 가르침을 듣고 믿음을 내는 중생이 있겠습니까?

무법가득분(無法可得分)

내가 가장 높고 바르며 원만한 깨달음에서 어떠한 법도 얻을 수 없으니,
그 표현이 가장 높고 바르며 원만한 깨달음이니라.

정심행선분(淨心行善分)

이 진리는 평등하여 높고 낮음이 없기에 가장 높고 바르며
원만한 깨달음이라고 표현하는 것이니라.

복지무비분(福智無比分)

칠보로 베푸는 복덕은 경을 받아 지니고 읽고 외우며 다른 사람을 위해
설명하는 것의 백분의 일에도 미치지 못하고,
백천만억분의 일에도, 어떤 숫자로 헤아리는 비유로도 미치지 못할 것이니라.

복지무비분(福智無比分)

끝없이 샘솟는 샘물 같은 부처님의 지혜의 말씀, 금강경.

화무소화분(化無所化分)

만일 여래가 제도한 중생이 있다고 한다면 이는 여래에게 곧 나에 대한 집착, 사람에 대한 집착, 중생에 대한 집착, 목숨에 대한 집착이 있게 되는 것이니라.

화무소화분(化無所化分)

'나에 대한 집착'이라고 한 것은 곧 '나에 대한 집착'이 아닌 것을 말함이니라.
그럼에도 어리석은 사람들은 집착하는 것이니라.

법신비상분(法身非相分)

만약 서른두 가지 훌륭한 모습을 갖추었다고 여래라고 본다면,
전륜성왕도 곧 여래일 것이니라.

법신비상분(法身非相分)

만약 모양으로 나를 보려거나
또는 음성으로 나를 찾으면
이 사람은 그릇된 길 가는지라
능히 여래를 보지 못하리로다.

무단무설분(無斷無說分)

여래는 훌륭한 모습을 갖춤으로 해서 가장 높고 바르며
원만한 깨달음을 얻은 것이 아니니라.

무단무멸분(無斷無滅分)

가장 높고 바르며 원만한 깨달음의 마음을 일으킨 사람은 존재에 대해
끊어짐과 없어짐의 관념을 설하지 않기 때문이니라.

불수불탐분(不受不貪分)

만약 어떤 보살이 갠지스 강의 모래알 수와 같은 세계에 칠보를 가득 채워 베풀고,
또 다른 보살이 모든 존재가 무아임을 알아 생사가 없는 깨달음을 이루면,
뒤의 보살이 얻는 공덕이 앞의 보살이 얻는 공덕보다 뛰어나리라.

불수불탐분(不受不貪分)

보살은 지은 복덕을 탐내거나 집착하지 않으므로,
이런 까닭에 복덕을 받지 않는다고 하느니라.

위의적정분(威儀寂靜分)

여래라고 하는 것은 어디로부터 오는 것도 없고
또한 가는 것도 없기 때문이니라.
이런 까닭에 여래라고 표현하느니라.

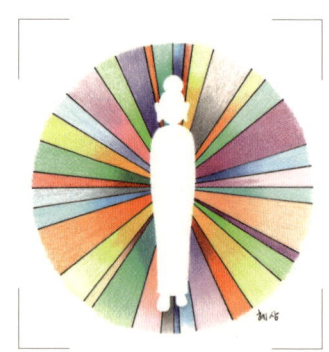

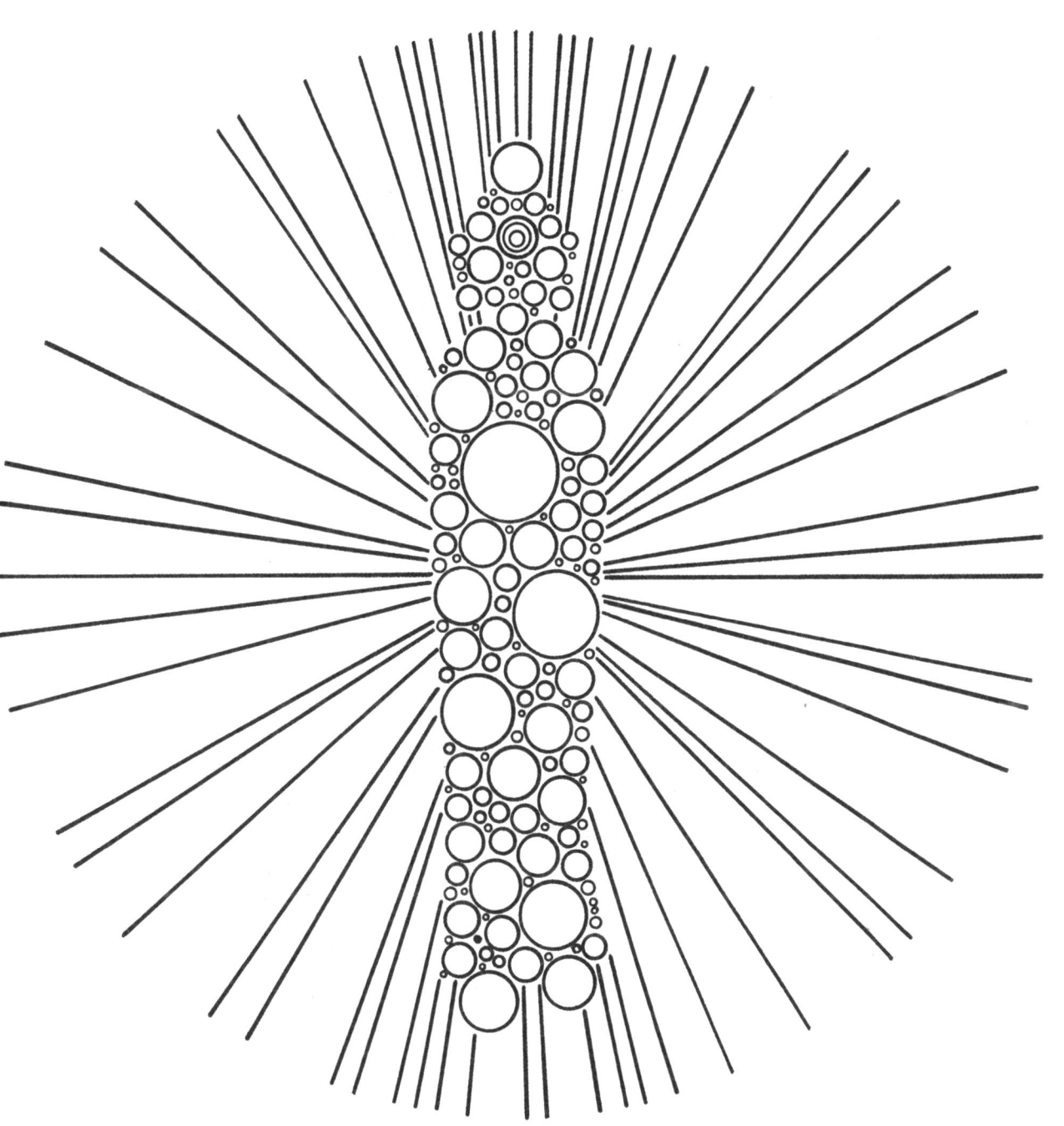

일합이상분(一合理相分)

만약 훌륭한 자질의 남자나 여인이 삼천대천세계를 부수어 먼지로 만든다면, 그대의 뜻에는 어떠한가? 이 먼지들이 많지 않겠느냐?

일합이상분(一合理相分)

여래께서 말씀하신 삼천대천세계는 세계가 아닌 것을 말씀하심이며, 그 표현이 세계라는 것입니다.

지견불생분(知見不生分)

보살의 삶에 마음을 낸 사람은 모든 가르침을 대함에,
바르게 알고 바르게 보며 바르게 믿고 이해하여
'가르침이라는 관념'을 일으키지 않아야 하느니라.

응화비진분(應化非眞分)

부처님께서 이 경을 설해 마치시니,
장로 수보리와 일체의 비구·비구니·우바새·우바이,
모든 세상의 천신·사람·아수라가 부처님 말씀을 듣고
크게 환희하여 믿고 받아 받들어 행하였다.

원생수

수미산 꼭대기에 있다는 소원을 들어주는 나무 원생수

부록

그림 모음 50컷

초전법륜 1

깊은 사유

명상

내 안의 붓다

자리

탁발

여시아문

공양

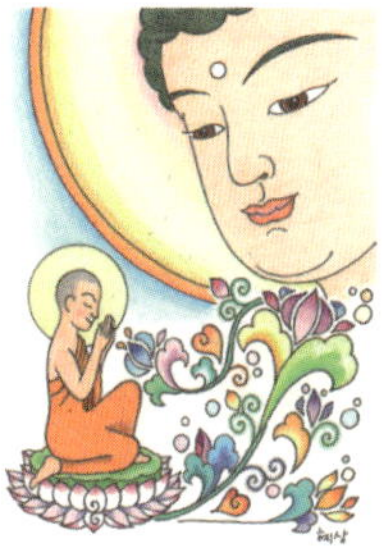

합장

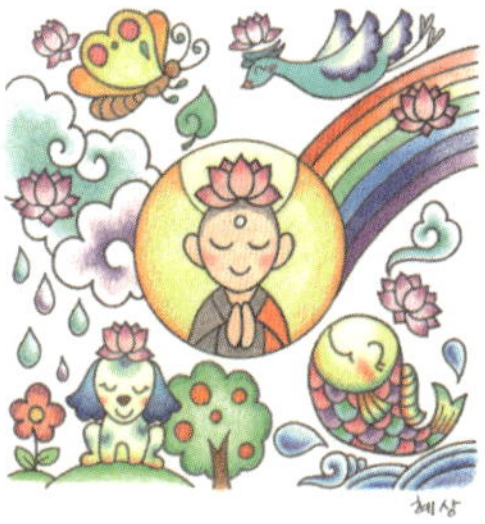

발원

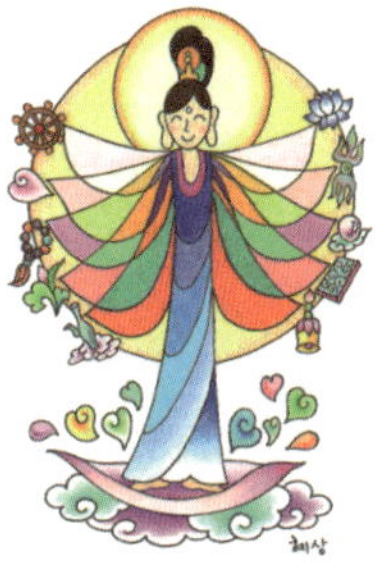

보살행

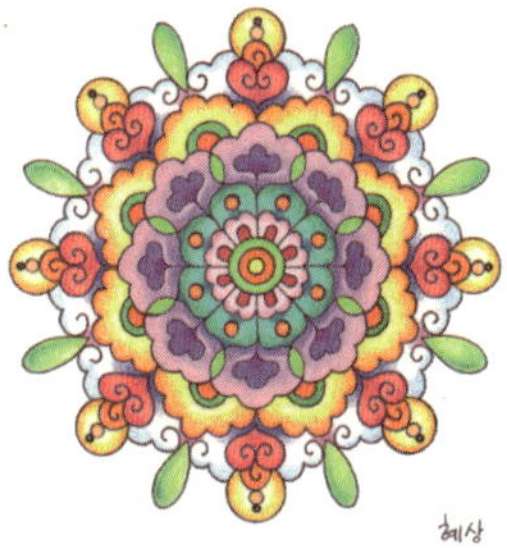

만다라화 1

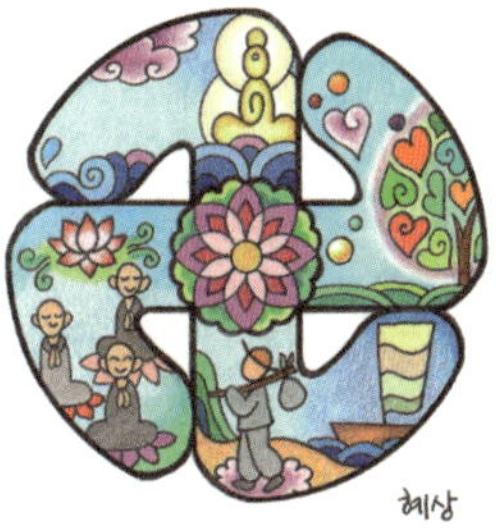

만 - 뗏목의 비유

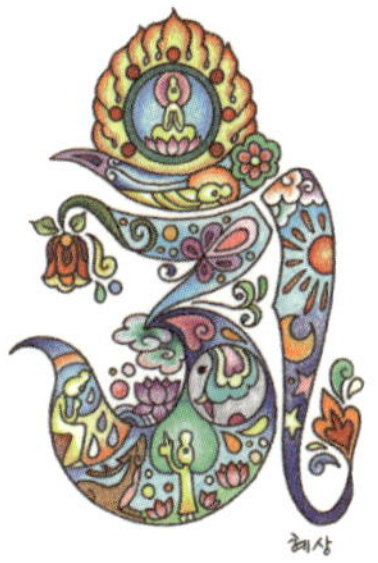

옴 - 팔상도

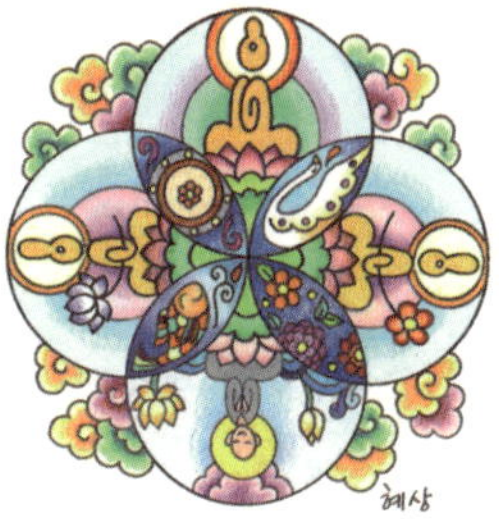

만다라

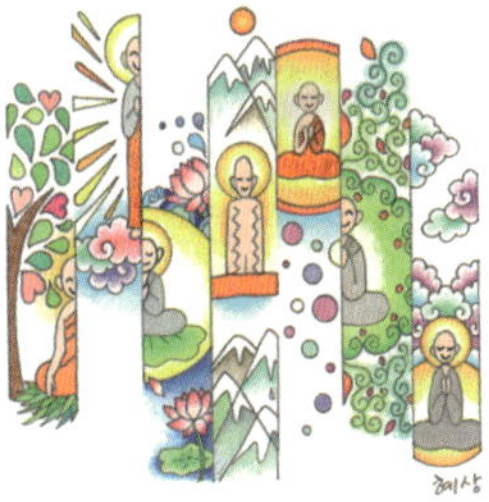

아라한

불국토 장엄

전법

법륜

선정

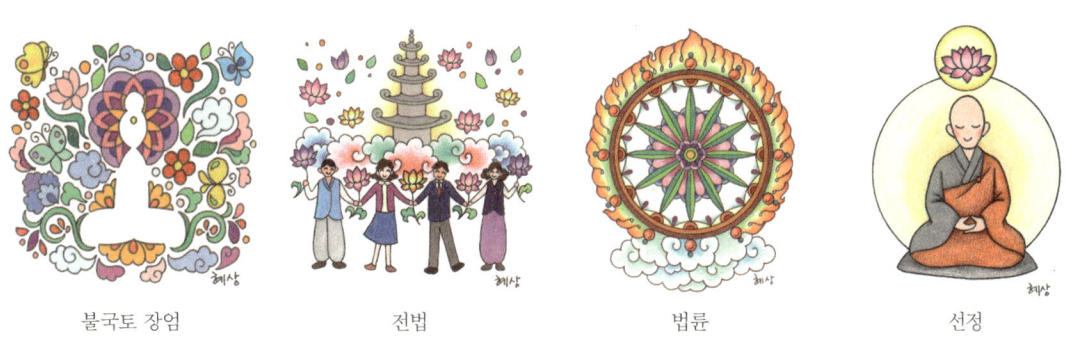

법열

불성

관세음보살

만다라화 2

지경 공덕

선정

깨달음

만다라화 3

차제걸식

불족적

청산에 붉은해

초전법륜 2

만 - 지수화풍	마음새	인연	지혜의 샘물
여래숲	바름(正)	화염광배	여래 1
모두 붓다	만다라화 4	공덕	보살

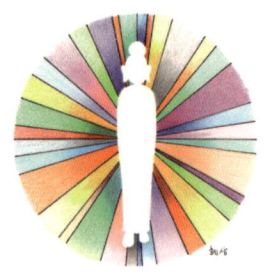   

여래 2   삼천대천 세계 1   삼천대천 세계 2   해탈

환희로움   원생수